XXVIIIe CONGRÈS
DE LA SOCIÉTÉ D'ÉCONOMIE SOCIALE

SUR

LA DÉSERTION DES CAMPAGNES

L'HABITATION DE L'OUVRIER AGRICOLE

ET LES PETITES LOCATIONS A LONG TERME

DANS LA FLANDRE MARITIME FRANÇAISE

PAR

A. FAVIÈRE

Extrait de *LA RÉFORME SOCIALE*
(16 Novembre 1909)

PARIS

AU SECRÉTARIAT DE LA SOCIÉTÉ D'ÉCONOMIE SOCIALE

54, RUE DE SEINE PARIS (VIe)

—

1909

ÉCOLE DE LA PAIX SOCIALE

FONDÉE PAR
F. LE PLAY

SECRÉTARIAT GÉNÉRAL : 54, rue de Seine.

SOCIÉTÉ INTERNATIONALE D'ÉCONOMIE SOCIALE

La Société, fondée par Le Play, s'est constituée le 27 novembre 1856, pour remplir le vœu exprimé par l'Académie des sciences, en couronnant l'ouvrage intitulé les *Ouvriers européens*. Elle applique à l'étude comparée des diverses constitutions sociales la méthode d'observation, dite des monographies des familles. Elle reproduit les monographies les plus remarquables dans le recueil intitulé les *Ouvriers des deux mondes*, et publie le compte rendu *in extenso* de ses séances dans la *Réforme sociale*, bulletin de la Société d'économie sociale et des Unions.

La *Société d'Économie sociale* se compose de *Membres honoraires* versant une cotisation de 100 francs par an, au minimum, et de *Membres titulaires* payant 25 francs. L'un et l'autre de ces deux prix donnent droit à recevoir la *Réforme sociale*, qui est adressée à tous les Membres deux fois par mois, le 1er et le 16; et les *Ouvriers des deux mondes* qui paraissent par fascicules trimestriels.

De 1865 à 1885 le *Bulletin* des séances forme 9 vol. in-8° avec tables méthodiques. La collection complète (rare) : 68 francs. — Depuis 1886, le *Bulletin* est remplacé par la *Réforme sociale*, 2e, 3e, 4e et 5e séries.

LES UNIONS DE LA PAIX SOCIALE

Les *Unions* ont pour but de propager et de mettre en pratique les doctrines de l'*École de la paix sociale*. Elles sont réparties par petits groupes en France et à l'étranger. Leur action s'exerce par l'intermédiaire de CORRESPONDANTS locaux.

Les membres sont invités à transmettre au secrétariat général les faits qu'ils ont pu observer autour d'eux, ou les renseignements qui sont parvenus à leur connaissance. Ces communications sont, suivant leur importance, mentionnées ou reproduites dans la *Réforme sociale*.

Les *Unions* se composent de membres *associés* et de membres *titulaires*. Les membres *associés* versent une cotisation annuelle de 15 francs (France et étranger) qui leur donne droit à recevoir deux fois par mois la *Réforme sociale*, bulletin de la Société et des *Unions*. Les *membres titulaires* concourent plus intimement aux travaux qui servent de base à la doctrine des *Unions*; ils payent, outre la cotisation annuelle, un droit d'entrée de 10 francs au moment de leur admission, et reçoivent, en retour, pour une *valeur égale* d'ouvrages choisis dans la *Bibliothèque de la paix sociale* et livrés au prix de revient.

Pour être admis dans les *Unions de la paix sociale*, il faut être présenté par un membre, ou bien adresser directement une demande d'admission au Secrétariat général, rue de Seine, 54, à Paris. Les noms des membres nouvellement admis sont publiés dans la *Réforme sociale*.

De 1873 à 1881 les travaux des Unions ont été publiés dans des *Annuaires* dont la collection forme 5 vol. au prix de 15 francs. — Depuis 1881 l'*Annuaire* est remplacé par la *Réforme sociale*.

COMITÉ DE DÉFENSE ET DE PROGRÈS SOCIAL

Le *Comité*, conformément à un vœu émis par le Congrès de la Société et des Unions en 1894, s'est constitué sous la présidence de M. Anatole Leroy-Beaulieu, de l'Institut, pour défendre les vérités sociales et combattre les erreurs collectivistes, à Paris et en province, par des conférences et des publications populaires. Le Comité, sans demander aujourd'hui de cotisation régulière, recevra avec reconnaissance les souscriptions de 20 fr. et au-dessus, afin de couvrir les frais d'organisation et de publication des conférences. — Voir plus loin la liste des publications du Comité.

ECOLE DE LA PAIX SOCIALE

1re Section. Œuvres de Le Play, éditées à Tours par MM. A. MAME et fils

Les Ouvriers européens. 6 vol. in-8° (vendus séparément)............	39 fr.
La Réforme sociale en France. 7e édition, 3 vol. in-18...............	5 fr.
L'Organisation du travail. 6e édition. 1 vol. in-18.................	2 fr.
L'Organisation de la famille. 4e édition. 1 vol. in-18.............	2 fr.
La Paix sociale après les désastres de 1871. 1 brochure in-18.......	0 fr. 60
La Correspondance sociale, 9 brochures in-18.................	2 fr.
La Constitution de l'Angleterre. 2 vol. in-18..............	4 fr.
La Réforme en Europe et le salut en France. 1 vol. in-18........	1 fr. 50
La Constitution essentielle de l'humanité, 2e édition. 1 vol. in-18....	2 fr.
La Question sociale au XIXe siècle. 1 brochure in-18...............	0 fr. 30
L'Ecole de la paix sociale. 1 brochure in-18...............	0 fr. 20

IIe Section. Publications de la Société d'Economie sociale.

Les Ouvriers des deux mondes. 1re série, 5 vol. in-8°............	80 fr.
2e série, 5 vol., ch. tome 15 fr.; 3e série, t. II, en cours; chaque monographie...	2 fr.
Instruction sur la méthode des monographies. Nouv. édit. 1 vol. in-8°.	2 fr.
Bulletin des séances de la Société d'Economie sociale. 1re s., 9 vol. in-8°.	68 fr.
La Réforme sociale, chaque série, 10 vol. : 1re et 2e chacune, 80 fr. ; les suivantes, chacune................	70 fr.
5e série, commencée en 1901, chaque volume.................	7 fr.
Annuaire des Unions et de l'Economie sociale, 5 vol..........	15 fr.
Exp. de 1857. Rapport sur les ateliers qui conservent la paix sociale. In-8°.	1 fr.
La Réforme sociale et le centenaire de la Révolution. Travaux du Congrès de 1889, avec une lettre-préface de M. Taine et une introduction sur les principes de 1789, l'ancien régime et la Révolution. In-8°..	10 fr.
Les Unions de la paix sociale, leur programme d'action et leur méthode d'enquête, par A. DELAIRE, secrétaire général des Unions. 6e édit. br. in-12................	0 fr. 15

BIBLIOTHEQUE ANNEXÉE

F. LE PLAY. Choix de ses œuvres, avec une biographie par M. AUBERTIN et un portrait. 1 vol. in-16, cart. LXXIV - 251 pages..............	1 fr 75
CH. DE RIBBE. Les Familles et la Société en France avant la Révolution d'après des documents originaux. 4e édition. 2 vol. in-12. 4 fr. — La Vie domestique, ses modèles et ses règles. 2 vol. in-12. 6 fr. — Une famille au XVe siècle. 1 vol. in-12. 2 fr. — Le Livre de Famille. 1 vol. in-12. 2 fr. — Le Play d'après sa correspondance. 1 vol. in-18. Pour les membres, 1 fr. 60; pour le public.................	
CLAUDIO JANNET. Les Etats-Unis contemporains, avec une lettre de M. F. Le Play : 4e édit., 2 vol. in-12. 8 fr. — Le Code civil et les réformes indispensables à la liberté des familles. 1 br. in-18. 0 fr. 30. — Le socialisme d'Etat et la réforme sociale, 2e édit. 1 vol. in-8°, 7 fr. 50. — Le Capital, la Finance et la Spéculation. 1 vol. in-8°. 8 fr. — Les grandes époques de l'histoire économique, 1 vol. in-12 (pour les membres, 2 fr. 80)...................	3 fr. 50
JULES MICHEL. Manuel d'économie politique et sociale, 1 vol. in-12..	2 fr.
Comte DE BUTENVAL. Les lois de succession appréciées dans leurs effets économiques par les Chambres de commerce de France. 4e édit. in-18.	0 fr. 60
Jh FERRAND. Les Pays libres, leur organisation et leur éducation d'après la législation comparée. Ouvrage couronné par l'Institut. 1 vol. in-18.	3 fr 50
— Les Institutions administratives en France et à l'étranger. 1 vol. in-18.	6 fr.
LÉON LEFÉBURE. Le Devoir social. 1 vol in-12.................	3 fr.
G. PICOT, de l'Institut. Un devoir social et les logements ouvriers. in-18.	1 fr.
Comte DE BOUSIES. Les lois successorales dans la société contemporaine. 1 vol. in-8°, 2 fr. 50. — Le Collectivisme et ses conséquences.	2 fr. 5
P. DU MAROUSSEM. La Question ouvrière : 4 vol. in-8° avec trois préfaces de M. FUNCK-BRENTANO. — I. Les Charpentiers de Paris ; II. Ebénistes du faubourg Saint-Antoine ; III. Le jouet parisien ; IV. Les Halles. — Ch. vol...............	6 fr.
A. COSTE. Alcoolisme et Epargne, 2e édition, in-32........	0 fr.

ENQUÊTE SUR LES FAMILLES ET L'APPLICATION DES LOIS DE SUCCESSION

XXVIIIᵉ CONGRÈS
DE LA SOCIÉTÉ D'ÉCONOMIE SOCIALE

SUR

LA DÉSERTION DES CAMPAGNES

L'HABITATION DE L'OUVRIER AGRICOLE

ET LES PETITES LOCATIONS A LONG TERME

DANS LA FLANDRE MARITIME FRANÇAISE

PAR

A. FAVIÈRE

Extrait de *LA RÉFORME SOCIALE*
(16 Novembre 1909)

PARIS

AU SECRÉTARIAT DE LA SOCIÉTÉ D'ÉCONOMIE SOCIALE

54, RUE DE SEINE PARIS (VIᵉ)

—

1909

L'HABITATION DE L'OUVRIER AGRICOLE
ET LES PETITES LOCATIONS A LONG TERME
DANS LA FLANDRE MARITIME FRANÇAISE (1)

Notre belle France doit un de ses plus grands charmes à la variété de ses aspects et à la diversité de ses climats. La région dont je me propose de vous parler, c'est-à-dire la partie devenue française de la Flandre maritime, bien qu'empreinte d'une physionomie propre bien tranchée, n'est pas gâtée d'ordinaire par la renommée que lui font les touristes qui la traversent avec ennui, en se hâtant vers les sites catalogués dans leurs guides. S'ils en font mention sur leurs carnets, c'est pour en retenir, par une note sommaire, que le pays est plat et laid, sans pittoresque d'aucune sorte.

Toutefois, ce qui le venge, ce pays dédaigné du passant, et ce qui donne à penser à un observateur attentif qu'il doit avoir, lui aussi, son charme secret et ses mérites cachés, c'est qu'il n'y en a pas auquel ses habitants soient plus affectionnés. Ceux qui y sont nés n'émigrent pas et ils y reviennent volontiers quand ils l'ont quitté. La ville n'exerce pas sur eux une bien puissante attraction et ses campagnes monotones, d'aspect sévère, sont moins délaissées que tant d'autres infiniment plus riantes.

Cet amour de la glèbe natale, dans la population indigène, lui viendrait-il seulement de l'accoutumance à d'anciennes habitudes, de la sécurité d'une vie abondante et facile quoique laborieuse, ou tout simplement de l'absence d'imagination? Il n'est que juste de reporter plus haut la source de ce sentiment, et de reconnaître qu'il est dérivé, dans l'âme de nos paysans, d'un sens intime très raffiné du mérite de leur petite patrie. Et ce qui tend bien à prouver la justesse de cette appréciation, c'est que des étrangers dont le génie, au premier abord, devait paraître en opposition absolue avec le caractère flamand, se sont sentis gagnés par le singulier sortilège qu'exhale cette terre sans beauté. Le plus épris d'idéal de nos grands poètes, Lamartine, professait un grand amour pour la Flandre française, dont il fut le représentant sous le gouvernement de Juillet; et de nos jours un écrivain de race, esprit délicat et profond,

(1) Communication faite au Congrès de la Réforme sociale dans la séance du 7 juin 1909.

qui représente dans notre Parlement à peu près la même circonscription que Lamartine, partage son culte littéraire et artistique
entre l'Italie et la Flandre.

Permettez-moi de me laisser aller un instant au plaisir de vous
lire cette page du début de ses *Tableaux flamands*, par laquelle
M. Henri Cochin esquisse, en les expliquant l'un par l'autre, l'histoire sommaire du pays et le caractère de ses habitants; c'est plus
qu'un tableau en raccourci, c'est une genèse de cette terre et de ce
peuple :

« On a peine à se représenter ce qu'était par nature la Flandre
primitive, avant que l'énergie d'une race d'hommes l'arrachât à sa
misère native. Et pourtant il ne faut l'oublier jamais. La Flandre,
non pas dans les lointaines époques des révolutions géologiques du
globe, mais dans des temps déjà historiques, la Flandre n'était,
depuis l'estuaire de l'Aa jusqu'aux dernières lagunes formées par les
deux cours du Rhin, qu'un immense marécage ; çà et là émergeaient
quelques terres mouvantes, au ras de l'eau, quelques chaussées,
des forêts ou plutôt des halliers et des ronciers, des sables, des îles
flottantes. A l'entrée de cet incertain pays, au sol dangereux, aux
plaines sans cesse inondées et toujours mal desséchées, à l'air mal-
sain, aux brouillards fiévreux, l'audace de Jules César avait hésité.
Le conquérant s'était arrêté et n'avait pas osé aller plus avant. C'est
qu'ils étaient habités, ces affreux marais : là, sur ces vagues îles,
ces sables, ces langues de terre, vivaient libres et redoutables des
tribus de sauvages aquatiques, nourris de chasse et de pêche.
C'étaient les hommes des marais ou *mocres*, les Morins. Virgile parle
d'eux dans l'*Énéide*, comme nous pourrions parler aujourd'hui des
misérables indigènes de la Sibérie ou du Groënland. Il les aperçoit
en imagination, là-bas, au loin, dans leurs marécages inaccessibles,
là où finissent des terres connues, là où les deux cornes du Rhin se
plongent dans les ténèbres de la nuit hyperboréenne. C'est plus
loin que les plus lointains barbares, plus loin que tout ; c'est la fin
de tout, c'est le bout du monde : les Morins, dit le poète, les plus
lointains des hommes :

> *Extremique hominum, Morini, Rhenusque bicornis.*

« Cette terre humide et désolée devait être conquise, elle le fut.
D'autres peuples ont eu à défendre le sol natal contre les hommes,
les Flamands ont eu de plus à le défendre contre les eaux. Au moyen
âge, un des grands officiers de la cour des comtes de Flandre por-

tait ce titre singulier et significatif, le comte des Eaux, Watergrav.
Le combat contre les eaux fut de tous les jours; il dure encore.
Mais aujourd'hui l'homme n'a plus qu'à maintenir sa conquête bien
établie et à entretenir de solides défenses qui lui assurent sa tran-
quille possession. Mais enfin le souvenir des anciennes luttes est
toujours là et chacun le sait. S'il le fallait, si une nécessité de salut
public l'exigeait, une grande partie de cette région, si parfaitement
desséchée, cultivée et assolée, pourrait en peu de temps reprendre
la figure du marais primitif et opposer à l'envahissement de l'étranger les mêmes barrières naturelles qu'aux temps des vieux Morins. Les Flamands foulent donc tous les jours un sol dont la soli-
dité, dont la consistance même sont dues à l'énergie, à l'industrie,
à la persévérance humaines. Les batailles passées ne sont pas effa-
cées des mémoires; il ne faut pas remonter jusqu'au temps des
légendes pour retrouver le souvenir des digues rompues, des toc-
sins nocturnes dans les clochers de nos villages, des terres inondées, du retour offensif de l'Océan vers son ancien domaine incon-
testé.

« Cette lutte contre les éléments, plus continuelle, plus terrible
encore que les luttes contre les hommes, avait saisi d'admiration
ceux qui jadis visitaient les pays flamands. Dante, cherchant dans
les récits des voyageurs une de ses plus fameuses comparaisons,
a dit comment les Flamands « font la bataille » contre les flots de la
mer. Cette bataille contre la mer sans cesse renouvelée, c'est à tra-
vers bien des siècles le fond de l'histoire des Flandres. »

La région qu'embrasse ce tableau déborde de beaucoup le cadre
de ma monographie. Je ne veux pas vous entraîner hors de la
Flandre française et encore me bornerai-je à une portion restreinte
de cette province. Le coin de terre que j'envisagerai aura pour
limites, au Nord, le rivage de la mer, de Gravelines à Dunkerque;
à l'Ouest, l'Aa, petit fleuve côtier qui descend des collines du Pon-
thieu, pour se répandre dans un immense delta, qui va du port de
Calais à celui de Nieuport en Belgique.

Cette rivière a sa principale embouchure à Gravelines et, avant
d'y arriver, elle est devenue un large canal navigable qui sépare
les deux départements du Nord et du Pas-de-Calais. A l'Est, je bor-
nerai mon champ d'observation à la banlieue de Dunkerque et au
cours inférieur de la Colme, gros cours d'eau canalisé dérivé de
l'Aa. Nous nous avancerons, vers le Sud, sur une profondeur d'une

trentaine de kilomètres, jusqu'à une limite naturelle très nettement marquée par une sorte de seuil, ancien rivage de la lagune primitive. Avec ce renflement du sol commence une région tout aussi flamande que la précédente, mais d'un aspect différent. Elle domine sensiblement celle que nous venons de quitter et son émersion est antérieure à la période géologique actuelle. Elle est plus riante ; les arbres, quoique raréfiés de jour en jour, y sont d'une plus belle venue, et elle n'a pas encore cessé tout à fait de mériter l'appellation de *pays au bois* par laquelle on l'a longtemps distinguée de sa voisine.

Revenons, pour nous y cantonner, à la région de formation artificielle et récente qui constitue l'aire de notre monographie.

Ce n'est pas assez dire que nous y sommes en pays plat. La lagune primitive lui a imprimé son trait caractéristique : le niveau en tout sens égal et rectiligne d'une nappe d'eau. C'est une terre factice, formée de main d'homme et qui, abandonnée à elle-même et aux seules influences des éléments, retournerait vite à ses fanges originelles. Les siècles, à la longue, lui ont bien assuré, contre les morsures de la rude mer du Nord, la protection d'un étroit bourrelet de dunes, mais l'estuaire de l'Aa, à Gravelines, et les coupures par lesquelles doivent forcément s'écouler les eaux du pays, laisseraient toujours ouvertes de larges brèches dans ce frêle rempart, sans les puissantes écluses de Gravelines et de Dunkerque. Le plan d'eau du pays est généralement inférieur au niveau moyen de la mer et néanmoins le dessèchement y est arrivé à sa perfection. L'assainissement de la région ne laisse plus rien à désirer ; les fièvres paludéennes, encore endémiques dans la première moitié du siècle dernier, ont disparu et le sinistre brocard qui courait parmi les régiments de l'ancienne armée :

> Dieu nous préserve de la peste et de la famine
> Et de la garnison de Bergues et de Gravelines,

n'est plus qu'un document historique.

Que d'efforts, de travaux, que d'énergie soutenue et patiente pour arriver à ce merveilleux résultat ! Il est l'œuvre d'un réseau très serré de rigoles, de fossés et de canaux d'écoulement dont les plus grosses artères sont appelées *watergands*. L'ensemble de ce système est constamment maintenu dans un état de parfait entretien par le service des *wateringues*, administration encore à peu près autonome, qui dispose d'un budget propre alimenté par une taxe spéciale perçue à la façon de l'impôt foncier, et qu'on peut évaluer à 4 francs, en moyenne, par hectare.

Les grands collecteurs du réseau, qui sont de véritables canaux navigables, aboutissent, à Dunkerque et à Gravelines, à des écluses qui, s'ouvrant automatiquement à la mer basse, pour laisser écouler leurs eaux et se fermant aussi d'elles-mêmes au retour de la marée, mettent le pays à l'abri du flot. Quand les eaux à évacuer sont exceptionnellement abondantes, les grandes écluses des deux ports lèvent leurs vannes et quelques heures suffisent pour ramener le plan des eaux, dans toute la région, à un niveau normal.

Et ce mécanisme si merveilleusement agencé est à double fin : il fonctionne aussi bien contre la sécheresse que contre l'inondation. Car le premier de ces deux fléaux n'est pas un danger chimérique dans une région que le second paraît constamment menacer. En effet, malgré la fréquence des brouillards et des pluies, la somme des précipitations atmosphériques y reste fort au-dessous de la moyenne générale de la France, étant à peine la moitié de celle du bassin de Paris. La neige y est rare, les pluies intermittentes, courtes et peu abondantes disparaissent assez vite de la surface d'un sol léger et sablonneux, sous l'action d'un vent desséchant qui règne presque sans interruption.

Les étés, dans ce pays, seraient désastreux, s'il ne suffisait pas de tenir les écluses fermées pour que l'eau de l'Aa, privée de son écoulement naturel et retenue dans le lacis des waetergands, maintienne dans les cultures l'humidité indispensable et ne laisse tarir aucun abreuvoir. Cette eau d'ailleurs est presque partout salubre et parfaitement potable, et il n'y a pas longtemps qu'elle servait encore à l'alimentation de Dunkerque.

Ce n'est pourtant pas de bonne grâce que la nature s'est laissée si parfaitement domestiquer, et je n'ai pas le moins du monde la prétention de vous introduire dans un pays d'églogue et d'idylle, dans une sorte de Bétique du Nord. Cette terre d'un aspect sévère, maussade et sans grâce, est restée une terre de dur labeur, mais d'un labeur fécond. Je doute qu'il y ait, en France, une région agricole plus prospère. C'est une région exclusivement agricole et de culture intensive à outrance. Les quelques usines qui y sont disséminées, fabriques de sucre, distilleries, une minoterie, dessiccation des racines de chicorée, brasseries, ne font que mettre en œuvre les produits du sol.

C'est aussi une région de culture moyenne quant à l'étendue des exploitations. Une ferme de 40 hectares est considérée comme une ferme importante. Les fermes d'environ 30 hectares sont les plus communes. La petite culture, représentée par de petites exploitations de 2 hectares et au-dessous, entre les mains d'ouvriers agricoles indépendants, tient une place importante au milieu des fermes normalement constituées. Nous en viendrons, dans un instant, aux détails sur ce point qui fait l'objet spécial de ce travail.

Dans toutes ces exploitations, grandes, moyennes et petites, la culture des céréales, froment, orge, avoine, occupe les deux tiers environ des surfaces; le troisième tiers est en majeure partie affecté à la betterave. Mentionnons aussi, à titre complémentaire, le lin, la chicorée, les pois et quelques fourrages artificiels. Sans être un pays d'élevage proprement dit, la région est en droit de s'enorgueillir de races bovine et chevaline soigneusement sélectionnées, qui sont classées, et il sort de ses fermes des sujets de valeur. Chaque année, au printemps, certains propriétaires d'herbages font venir de l'Anjou, du Maine et du Charolais, des convois de jeunes bœufs qu'ils engraissent pour la boucherie, dans des pâturages de peu d'étendue, mais poussés, eux aussi, par une sorte de culture intensive appropriée, à un très haut degré de fécondité. Je ne serais pas complet enfin si je ne mentionnais pas une industrie agricole qui, depuis quelques années, a pris un grand développement, particulièrement dans le canton de Bourbourg. On a créé ou plutôt on a régénéré une race de poules qui commence à rivaliser, pour sa chair, avec les espèces les plus estimées et qui est sans rivale pour la beauté de ses œufs bruns.

Un grand nombre de fermiers sont propriétaires d'une partie au moins de leurs exploitations. Pour le reste, le mode de tenure est exclusivement le bail à ferme, selon les règles ordinaires du Code. Les fermiers, extrêmement jaloux de leur indépendance, répugneraient absolument au métayage, mais ils n'en ont pas même l'idée. Les propriétaires qui, de leur côté, sont le plus souvent engagés dans les affaires, s'accordent pleinement avec eux dans cette aversion.

Les baux sont ordinairement de neuf, de douze et quelquefois de dix-huit ans. Les loyers des bonnes terres atteignent de 125 à 150 francs à l'hectare, plus l'impôt foncier et la contribution des waetringues (10 francs et 4 francs en moyenne, à l'hectare) mis à la charge du fermier.

Le loyer des herbages atteint facilement 200 francs à l'hectare. Les herbages ne diffèrent pas des terres arables par la nature de leur sol, mais seulement par leur affectation à la nourriture des animaux qui en broutent l'herbe. A l'exception de ceux qui sont dans le voisinage immédiat de la ferme, ils ne sont pas d'ordinaire maintenus à perpétuité dans leur destination et il arrive souvent qu'au bout d'une période plus ou moins longue, de trente ans par exemple, ils sont rendus à la charrue. C'est ce que, dans le langage du pays, on appelle rompre une pâture. Le sol imprégné d'une longue accumulation d'engrais donne alors, pendant les premières années de sa mise en culture, des rendements qui n'ont plus de commune mesure avec ceux des terres ordinaires.

Ces rendements ordinaires, correspondant aux fermages moyens, atteignent, dans les bonnes années, en froment, 40 hectolitres à l'hectare; en betteraves, également à l'hectare, 30.000 ou 50.000 kilogrammes, selon qu'il s'agit de betteraves de sucrerie ou de betteraves de distillerie.

Les pâturages les mieux entretenus peuvent nourrir jusqu'à quatre bœufs à l'hectare.

On peut dire que l'élément le plus intensif, dans la culture intensive, c'est le travail de l'homme. Les rudes travailleurs de nos campagnes eussent servi de modèles au laboureur de Lafontaine, ne laissant, dans leurs champs constamment retournés,

nulle place
Où la main ne passe et ne repasse.

Ici, ni la terre ni l'homme ne connaissent le repos. L'hiver et l'été, en toute saison, sans relâche, tous deux sont à la peine. Labourage, semailles, épandage des engrais secs ou liquides, en masse ou pulvérulents, binages, hersages, sarclages, la moisson, l'arrachage des lins, des betteraves, des chicorées, se succèdent et s'entremêlent et ne chôment jamais. C'est une activité qui ne s'amortit sur un point que pour s'animer aussitôt sur un autre.

D'une façon générale on peut dire que la population indigène suffit à tout. Nous n'avons, à proprement parler, ni émigration ni immigration. Au temps de la moisson, cependant, il nous vient de la Belgique quelques auxiliaires. Mais l'exagération des prétentions de ces nomades a eu pour résultat de généraliser l'emploi des machines et de rendre leur concours à peu près inutile.

Ici comme ailleurs, moins qu'ailleurs pourtant, un assez grand nombre de jeunes gens appelés au service militaire sont perdus pour le travail des champs. Mais le mal n'est pas encore devenu un fléau et la plupart de nos jeunes soldats, leur service accompli, reviennent au sillon. Cette population n'en a pas encore pris le dégoût. Les grands centres industriels tout voisins de Calais et de Dunkerque n'exercent pas sur elle l'attraction que pourraient faire craindre la proximité de ces deux villes et les gros salaires des dockers et des tullistes.

La natalité, dans nos communes rurales, a, comme partout, sensiblement décru depuis quelques années. Néanmoins il s'y maintient encore un excédent appréciable de naissances par rapport aux décès. Il en résulte que la main-d'œuvre ne fait pas défaut, mais elle n'est pas surabondante non plus, et un bon ouvrier trouve facilement du travail à des conditions acceptables. La journée d'un ouvrier agricole est, en temps ordinaire, de 3 francs ; celle des femmes à qui sont dévolus les travaux de sarclage et de nettoiement est de 1 fr. 50.

La moisson, ainsi que l'arrachage du lin, des betteraves et de la chicorée qui emploie beaucoup de femmes, sont d'ordinaire exécutés à l'entreprise, et sur des prix débattus d'avance, ce qui rend fort incertaine l'évaluation des salaires journaliers.

De l'ensemble de ces observations se dégage avec évidence une conclusion favorable. Cette région est arrivée, depuis de longues années déjà, à un état de grande prospérité et elle s'y maintient. Le trait le plus caractéristique de cette prospérité ressort justement de la réponse que je suis amené à faire à la principale question inscrite au programme de ce congrès : l'émigration de la population rurale vers les centres industriels est un mal dont la région que je viens de décrire ne souffre pas. Et cette conclusion, qui s'impose à l'esprit de tout observateur attentif, est corroborée par la statistique.

Voici, en effet, pour le canton de Bourbourg, un relevé des dix derniers recensements. Ce canton forme le centre et le cœur de la région observée. Tout ce qui est vrai pour cette circonscription administrative l'est aussi, et à un égal degré, pour les communes de sa périphérie qui appartiennent aux cantons limitrophes, et qui vivent identiquement dans les mêmes conditions économiques et démographiques.

Ainsi donc, pour le canton de Bourbourg, le recensement de l'année 1862 donnait le chiffre de 13.636 habitants;

Celui de	1867,	le chiffre de	13.932	—
—	1873 (1)	—	13.983	—
—	1877	—	14.115	—
—	1882	—	13.953	—
—	1887	—	14.004	—
—	1892	—	14.520	—
—	1897	—	14.861	—
—	1902	—	15.117	—
—	1907	—	14.909	—

Le recul de 1907 est dû à une cause accidentelle, un essai industriel tenté en 1904 et en 1905 et qui n'a pas réussi.

La progression modérée, mais constante qu'accuse ce tableau, au cours du dernier demi-siècle, est une preuve de la stabilité de la population rurale qui en est l'objet.

Cet heureux résultat constaté sur une aire d'observation aussi restreinte n'aurait guère que la valeur d'une curiosité démographique, s'il ne devait pas être rapporté à une excellente pratique qui m'a paru valoir la peine de vous être signalée. Elle me semble comporter un enseignement et justifier, à ce titre, le développement qui a pu vous paraître exagéré, de mon exposé préliminaire.

La coutume dont je vais vous entretenir, en forme de conclusion n'est pas d'une frappante originalité; ce n'est pas une de ces idées sociales qui prétendent ouvrir des horizons nouveaux et qui sollicitent une extension du droit commun en leur faveur. Tout se passe dans les limites du Code et par une application directe des principes du droit d'accession et des règles du bail à ferme.

Et c'est justement à raison de cette simplicité, de l'absence de toute complication juridique, et de la facilité de son application sous les régimes les plus divers, que la pratique que je vais décrire me paraît utile à faire connaître, car sa vulgarisation ne pourrait manquer de produire, partout où on l'adopterait, les bons effets dont nous lui sommes redevables dans notre Flandre.

(1) Retardé d'un an par suite de la guerre.

Par elle, en effet, se trouve résolu d'une façon ingénieuse et fort simple le problème de l'habitation de l'ouvrier agricole.

Indépendamment des fermes grandes, moyennes et petites normalement constituées, avec maison d'habitation, écuries, étables et granges disposées sur les quatre côtés d'une cour centrale, on remarque, dans nos campagnes, un assez grand nombre de petites maisons isolées, sans étage, avec un jardinet attenant, le tout propre et avenant, mais d'une simplicité rudimentaire. Ces maisons sont occupées par des ouvriers agricoles.

Ces ouvriers sont propriétaires de leur maison, mais de la construction seulement, le sol ne leur en appartient pas.

Voici dans quelles conditions :

La location, d'ordinaire, a pour objet une parcelle de terre arable de 30 à 40 ares environ, très rarement davantage, mais bien souvent plus petite, on descend jusqu'à 5 ou 6 ares.

Le bail — et c'est ce qui le caractérise — est fait pour une longue durée, 27 ans au minimum, trois fois celle d'un bail à ferme ordinaire, selon la coutume du pays. On va souvent jusqu'à 50 ans et au delà, mais on stipule alors que le bail ne conférera pas de droit emphytéotique.

Le locataire qui, au moment où il contracte ce bail, est un homme jeune, qui va ou qui vient d'entrer en ménage, s'oblige à construire sa maison sur le terrain loué, avec stipulation qu'au décès de l'un des preneurs, le sien ou celui de sa femme, le bail sera continué par le survivant; qu'en cas de décès des deux époux, il sera continué solidairement par tous les enfants et qu'enfin, à défaut d'enfants, il sera résilié de plein droit; que, dans cette hypothèse, les constructions édifiées par le locataire resteront au propriétaire du sol, qui n'aura à payer, pour toute indemnité, que la valeur des matériaux existants évalués à dire d'experts et sans compter la main-d'œuvre.

Le prix des locations de ce genre n'est nullement un prix de faveur; il est au contraire très élevé, atteignant le double et le triple du fermage normal dont la parcelle serait susceptible dans un bail ordinaire.

Il ne s'agit donc pas d'un contrat de bienfaisance, ni d'une œuvre sociale proprement dite, bien que la convention comporte des effets sociaux excellents. C'est bien exclusivement leur intérêt que bailleur et preneur ont eu en vue. Mais le propre d'une bonne coulume est justement de mettre d'accord tous les intérêts légitimes, de concilier le bien particulier de ceux qui la pratiquent avec le bien général de la société où elle est en usage. C'est une utopie et rien n'est plus funeste, en économie sociale, que l'utopie, que vouloir établir une harmonie durable dans les rapports sociaux, en lui donnant pour base l'esprit de sacrifice.

N'ayant pas à payer le sol de son petit manoir, le bénéficiaire de la location que je viens de décrire se trouve, du jour de la signature, en possession d'une valeur réelle, quoique valeur morale pour une grande part, qui lui assure immédiatement assez de crédit pour qu'il se procure aisément la somme nécessaire à sa construction. En fait, cela ne paraît jamais faire de difficulté.

Le locataire n'est nullement lié à son occupation, et s'il désire la quitter, il trouve aisément un cessionnaire qui se met en son lieu et place vis-à-vis du propriétaire, lequel se prête d'ordinaire à cette substitution, soit qu'il reprenne pour son compte et aux conditions prévues au bail les constructions, soit que le cédant s'entende sur ce point avec son remplaçant.

Le propriétaire qui touche un loyer élevé est généralement favorable au maintien du contrat, et il y a de ces locations qui, grâce à des renouvellements successifs, sont devenues séculaires.

Dernièrement, un propriétaire a, par spéculation, divisé une ferme importante en petites locations de l'espèce que je viens de décrire et il a, par ce moyen, plus que doublé son revenu. Il est vrai qu'une opération de ce genre n'appartient plus exclusivement à l'ordre d'idées que cette étude s'est proposé, je veux dire l'habitation de l'ouvrier agricole, du véritable ouvrier de ferme. Nous sommes, cette fois, en présence d'une extension de la petite culture. Au lieu d'habitations disséminées dans toute une région, nous avons devant nous un groupe de petites cultures, un mode particulier d'exploitation du sol substitué au régime de la ferme et qui, à certains égards, se rapproche beaucoup de la culture maraîchère.

Et pourtant, en m'arrêtant à cette particularité, je ne crois pas sortir tout à fait de mon sujet, puisque ce genre d'exploitation du sol, qui exige un travail ininterrompu et une main-d'œuvre surabondante, a pour effet direct d'attacher à la terre un plus grand nombre de familles.

Je m'autorise de cette observation pour mentionner encore la particularité suivante.

En délimitant, à mon début, le cadre de cette monographie, j'indiquais que la région qui allait en faire l'objet est protégée contre la mer par une lisière de dunes peu élevées, d'un à deux kilomètres de large en moyenne. Ces dunes, quoique fixées par des plantations d'oyas, sorte d'herbe dure qui tient du roseau et qui se plaît dans le sable pur, étaient jusqu'à ce jour stériles. Ce n'étaient que des garennes où pullulaient les lapins, et c'est de là qu'elles tiraient toute leur valeur. Jusqu'à ces derniers temps ce n'étaient que des terrains de chasse appartenant à un nombre restreint de propriétaires. Ces vastes superficies sont, par opposition avec le morcellement des exploitations rurales voisines, des *latifundia*.

Eh bien ! voici que, par le moyen des petites locations à longue durée, la culture entame ce désert et l'anime sous l'action du travail humain. Les taches éclatantes des toits rouges et des pignons blancs s'y multiplient de jour en jour, et la culture potagère a devant elle, au sein de ces sables, un avenir sans limites. Les légumes des environs de Dunkerque sont, en effet, de qualité exceptionnelle et, quant aux débouchés, il suffit de rappeler que le port de Dunkerque est celui du continent qui est le plus rapproché de Londres. De sorte que les primeurs embarquées le soir à Dunkerque figurent, dès les premières heures de la matinée, sur les éventaires du plus considérable marché du monde.

Mais revenons, pour conclure, aux ouvriers des champs, que cette monographie a spécialement en vue.

Il n'est pas rare que les petites occupations que je vous ai décrites se réduisent à une maisonnette et à un petit jardin, puisqu'il y en a beaucoup dont la superficie ne dépasse pas 5 ou 6 ares. La plupart, néanmoins, sont plus étendues et embrassent de 30 à 40 ares. Il reste donc à l'occupeur, après la construction de son habitation, un champ qu'il cultive à la manière des fermiers voisins et pour son propre compte. Or, c'est ici justement que se manifeste le caractère véritablement social de la coutume que j'ai décrite. Notre petit locataire est toujours un ouvrier agricole qui ne pourrait évidemment pas songer à vivre du produit du lopin de terre compris dans sa location. Sa profession réelle, son vrai métier est de se mettre au service des fermiers de la région. Le champ qu'il a loué avec l'emplacement de sa maison n'est qu'un appoint dans ses ressources. Il le cultive avec les instruments agricoles et les chevaux que lui prête gratuitement, à certains jours et à certaines heures, le patron pour lequel il travaille le plus habituellement. Ceci n'est pas stipulé dans son bail, mais la coutume est universellement établie et les fermiers ont trop d'intérêt à s'assurer de bons ouvriers agricoles, sur lesquels ils puissent compter, pour songer à s'y soustraire.

La coutume que je viens de décrire a contribué pour une grande part à la prospérité vraiment enviable de la région où elle est établie. Elle lie en quelque sorte au sol une élite d'ouvriers agricoles et elle a créé entre les maîtres et les serviteurs une solidarité qui assure aux premiers une main-d'œuvre habile et consciencieuse, j'oserai dire infatigable, car la puissance de travail de nos paysans défie toute comparaison.

Elle assure aux seconds la dignité et l'indépendance. Ils ne sont pas inféodés à un patron unique qui resterait le maître de leur sort. Pour un maître avec lequel il aurait cessé de s'entendre, tout bon ouvrier serait assuré de trouver du jour au lendemain dix autres fermiers prêts à l'employer.

Enfin, bienfait suprême, cet homme de labeur a un foyer indépendant. Le toit qui l'abrite est le sien, et il y est presque toujours entouré, de nos jours encore, de nombreux enfants.

Vous me permettrez donc, Messieurs, de tirer de cette monographie une conclusion qui justifiera une fois de plus la doctrine fondamentale de l'école de Le Play, à savoir que toute prospérité économique, tout progrès matériel sort, comme de sa source, d'une cause d'ordre transcendant : du respect de la loi morale et de la paix sociale.

Le pays où je vous ai conduit n'était pas, à l'origine, un pays privilégié ; la nature s'était montrée envers lui bien sévère. Le sol, tiré par la main de l'homme des sables et des vases de la lagune originelle, ne serait par lui-même que de qualité médiocre ; mais il a été dompté par une race énergique, laborieuse et sensée, dont l'œuvre est un enseignement bien approprié à une époque trop disposée à prêter une oreille complaisante aux théoriciens du moindre effort.

A. FAVIÈRE.

PARIS. — IMPRIMERIE LEVÉ, RUE CASSETTE, 17

www.ingramcontent.com/pod-product-compliance
Lightning Source LLC
Chambersburg PA
CBHW050406210326
41520CB00020B/6483